AF446532

d'avoir acheté ce livre

Pourquoi un cahier de coloriage avec des insultes et jurons québécois ?

Nous avons créé un livre de coloriage insolent, à utiliser quand vous avez passé une sale journée ou à chaque fois que vous avez envie de vous détendre.. Suite au succès du livre français "Mon cahier d'injures à colorier", nous avons eu l'idée d'éditer une version avec de charmantes insultes québécoises. .

Le coloriage anti-stress, pourquoi ça marche ?

Les coloriages permettent de vous apaiser et d'être dans l'instant présent. C'est prouvé et de nombreuses personnes le constatent chaque jour : quand vous vous appliquez sur un coloriage la respiration devient plus régulière et plus calme, une impression de bien-être s'installe durablement en vous.

Pour une séance anti-stress au top !

1 - Concentrez-vous sur la situation ou sur la personne à l'origine de votre stress.
2 - Trouvez le dessin qui correspond le mieux à vos sentiments.
3 - Coloriez sans dépasser (:-)) pour donner vie au dessin.
4 - Libéré(e), délivré(e), postez votre dessin sur Facebook / Instagram / Twitter #MonCachierInjuresQuebec
5 - Répétez l'opération jusqu'à complète évacuation du stress !

Marde

Va te crosser

Graine

Cruise

Moron

Douchebag

Allez donc
tous
chier

Tabarnak

Ostie
de
Tabarnak

Mange
Ta Marde

Épaisse
D'ostie

Câlisse

Missou

Niochon

Frais chié

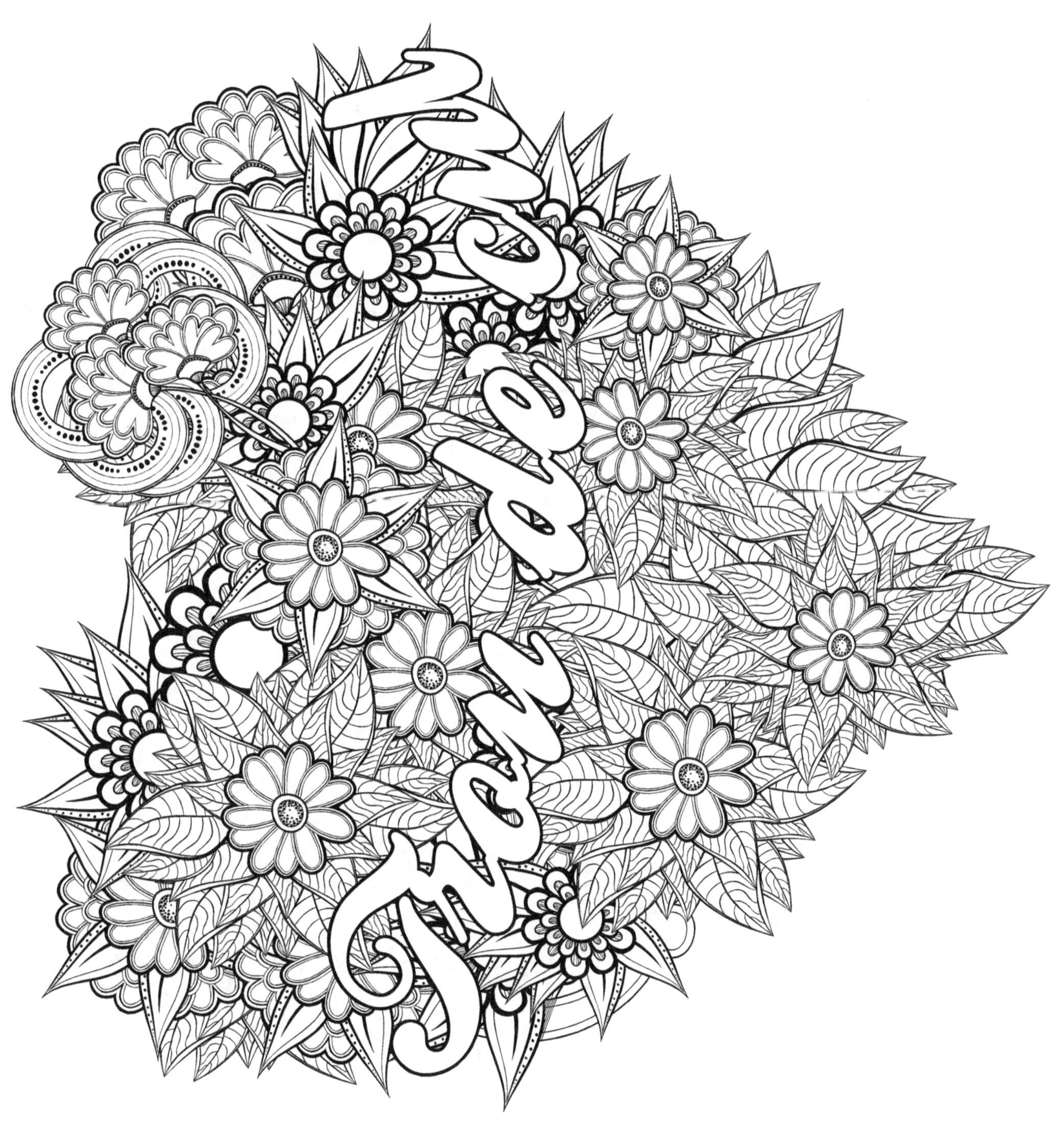

Pisseux

Maudite marde!

beautiful

Sacrament

Tu fais
dur

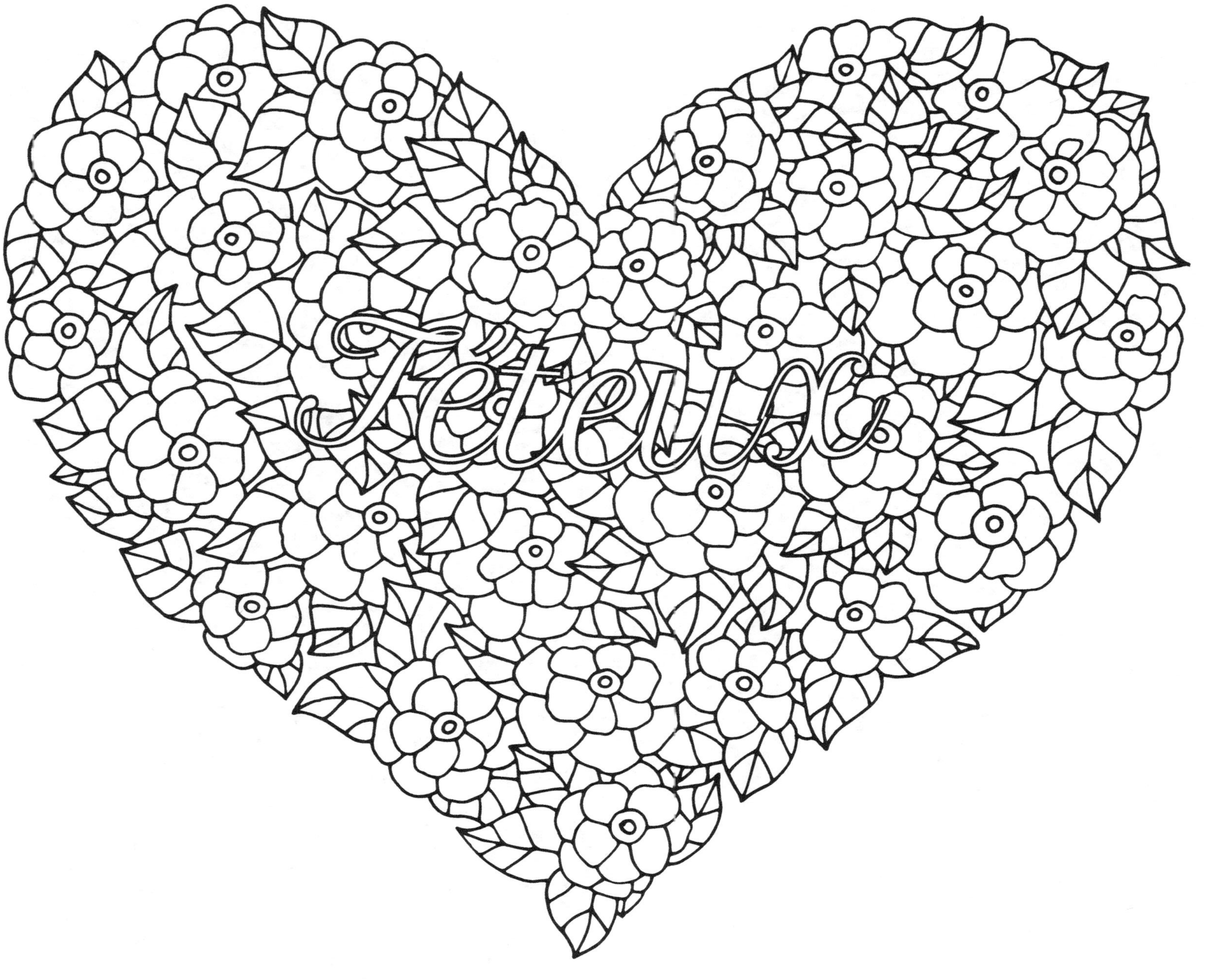
Téteux

Mardeux

Vous en voulez plus ?

Vous avez déjà fini tous les coloriages de ce livre ! Comme nous vous aimons et que vous êtes formidable, nous vous offrons des dessins supplémentaires remplis d'insultes et de jurons, toujours plus grossiers et exquis.

Pour les recevoir, envoyez un mail à **injuresquebec@procraste-nobel. com**